AUTOS RÁPIDOS/FAST CARS

JAGUAR
JAGUAR

por/by A.R. Schaefer

Consultora de lectura/
Reading Consultant:
Barbara J. Fox
Reading Specialist
North Carolina State University

Consultor de contenidos/
Content Consultant:
John A. Boswell II
President
Wisconsin Jaguars LTD

Capstone
press

Mankato, Minnesota

Blazers is published by Capstone Press,
151 Good Counsel Drive, P.O. Box 669, Mankato, Minnesota 56002.
www.capstonepress.com

Library of Congress Cataloging-in-Publication Data
Schaefer, A. R. (Adam Richard), 1976–
    [Jaguar. Spanish & English]
    Jaguar / por A.R. Schaefer = Jaguar / by A.R. Schaefer.
    p. cm. — (Blazers) (Autos rápidos = Fast cars)
    Includes index.
    Summary: "Simple text and colorful photographs describe the history and
models of the Jaguar — in both English and Spanish"— Provided by publisher.
    ISBN-13: 978-1-4296-3269-0 (hardcover)
    ISBN-10: 1-4296-3269-0 (hardcover)
    1. Jaguar automobile — Juvenile literature. I. Title.
TL215.J3S3318 2009
629.222'2 — dc22   2008034498

Editorial Credits
Tom Adamson and Carrie A. Braulick, editors; Katy Kudela, bilingual editor;
    Strictly Spanish, translation services; Biner Design, book designer;
    Bobbi J. Wyss, designer; Jo Miller, photo researcher

Photo Credits
Alamy/Bob Masters Classic Car Images, 15 (bottom); Motoring Picture Library,
    6, 15 (top), 17
Capstone Press/Karon Dubke, 25
Corbis/Car Culture, 10; Reuters/Rebecca Cook, 29; Transtock/Bruce Benedict,
    5, 24
Getty Images Inc./Car Culture, 11, 14 (top); Sasha, 8
Ron Kimball Stock/Ron Kimball, cover, 12–13, 14 (bottom), 22, 26
ZUMA Press/Harvey Schwartz, 18, 21

Essential content terms are **bold** and are defined at the bottom of the page
where they first appear.

1 2 3 4 5 6 14 13 12 11 10 09

TABLE OF CONTENTS

TABLA DE CONTENIDOS

SPEED AND STYLE/ VELOCIDAD Y ESTILO

A *sleek* car cruises down the street. People notice its smooth curves and sparkling paint. The stylish car is a Jaguar.

Un auto *elegante* se pasea por la calle. Sus delicadas curvas y su pintura centelleante no pasan desapercibidas. El auto con estilo es el Jaguar.

sleek — smooth and shiny

elegante — refinado y brillante

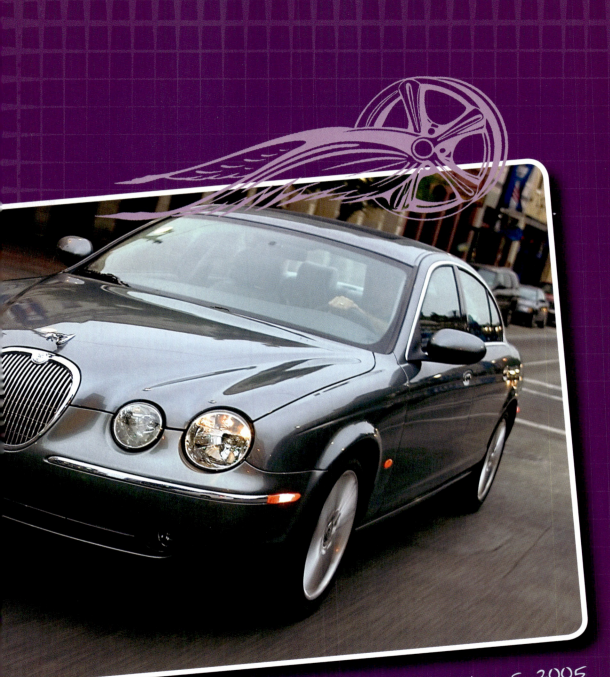

2005 S-type/Tipo S 2005

2005 S-type/Tipo S 2005

Jaguar is a famous British car company. Jaguar cars are known for their unique design, high-speed performance, and fine **luxury** features.

Jaguar es una famosa compañía Británica. Los Jaguars son conocidos por sus diseños únicos, desempeño a alta velocidad y características finamente **lujosas**.

luxury — something fancy and very comfortable
_____
lujo — algo elegante y confortable

fast fact
Jaguar is owned by Ford Motor Company.

dato rápido
Jaguar pertenece a Ford Motor Company.

Austin Swallow/Austin Swallow

JAGUAR HISTORY/
HISTORIA DEL JAGUAR

William Lyons and William Walmsley first built Austin Swallow cars in 1927. In 1935, the company name changed to SS Jaguar. After the "SS" was dropped in 1946, the cars became known as Jaguars.

William Lyons y William Walmsley comenzaron a fabricar los autos Austin Swallow en 1927. En 1935, el nombre de la compañía cambió a SS Jaguar. Después que se omitieron las "SS" en 1946, los autos fueron conocidos como Jaguars.

The first Jaguar was called the SS Jaguar 100. It was introduced in 1935. This sports car could go 100 miles (161 kilometers) per hour.

SS Jaguar 100 interior/
Interior del SS Jaguar 100

1938 SS Jaguar 100/SS Jaguar 100 1938

El primer Jaguar se llamó SS Jaguar 100. Se lanzó al mercado en 1935. Este auto deportivo puede ir a 100 millas (161 km) por hora.

fast fact
Jaguar produced only about 300 SS Jaguar 100s.

dato rápido
Jaguar sólo produjo 300 SS Jaguar 100.

The next important Jaguars were the XK-series cars. They were introduced in 1948. They were faster and more sporty than the SS-series cars.

Los Jaguars en segundo lugar de importancia son los de la serie XK. Éstos salieron al mercado en 1948. Eran más rápidos y más deportivos que los de la serie SS.

fast fact

The first XK model was the XK 120. It was named for its top speed of 120 miles (193 km) per hour.

dato rápido

El primer modelo XK fue el XK 120. Su nombre viene de su máxima velocidad de 120 millas (193 km) por hora.

1954 XK 120/XK 120 1954

JAGUAR TIMELINE/ LÍNEA DEL TIEMPO

The E-type cars were Jaguar's most famous cars. They had a smooth design with a long hood. Some E-type Jaguars could go more than 150 miles (240 km) per hour.

The SS Jaguar 100 is introduced./El SS Jaguar 100 sale al mercado.

1935

The letters "SS" are dropped. Cars become known as Jaguars./ Las letras "SS" son omitidas. Los autos se empiezan a conocer como Jaguars.

1946

1927

1948

William Walmsley and William Lyons begin building cars together./William Walmsley y William Lyons comienzan a fabricar autos juntos.

Production of XK series begins./ Comienza la producción de la serie XK.

Los autos Tipo E eran los más famosos de Jaguar. Éstos tenían un diseño limpio con un capó largo. Algunos Jaguars Tipo E podían ir a más de 150 millas (240 km) por hora.

The all-new XK is released./
Se presenta el nuevo XK.

The new X-type goes on sale./
El nuevo Tipo X sale a la venta.

2001

2005

1961

The Advanced Lightweight Coupe is presented at a car show in Detroit, Michigan./
Se presenta el Advanced Lightweight Coupe en una exhibición de autos en Detroit, Michigan.

The E-type is introduced./
Se lanza al mercado el auto Tipo E.

PEAK PERFORMANCE/ MÁXIMO DESEMPEÑO

The XK series is still Jaguar's most popular sports car design. Its powerful engine and sleek look are perfect for people who love to drive.

La serie XK todavía es el diseño de auto deportivo más codiciado de Jaguar. Su motor poderoso y su diseño elegante son perfectos para quienes aman conducir.

2006 XK/XK 2006

2007 XK convertible/XK convertible 2007

Today's XKs are made out of **_aluminum_** instead of steel. Aluminum is lighter than steel. It helps the cars go faster. Aluminum also makes the frame strong.

Los XK de hoy son hechos de **_aluminio_** en lugar de acero. El aluminio es más liviano que el acero. Esto ayuda a que el auto sea más rápido. El aluminio también hace que el bastidor sea fuerte.

aluminum — a strong, lightweight metal

aluminio — metal resistente y liviano

The XK's engine is powerful. The XK cars sold in the United States have a **governor**. This device keeps the cars from going more than 155 miles (249 km) per hour.

El motor del XK es potente. Los autos XK vendidos en Estados Unidos tienen un **regulador**. Este aparato evita que el auto vaya a más de 155 millas (249 km) por hora.

governor — a device on an engine that limits the car's speed

regulador — un aparato en el motor que limita la velocidad del vehículo

2007 XK convertible engine/
Motor del XK convertible 2007

2006 XJ/XJ 2006

sedan — a car with either two or four doors that seats four or more people

sedán — auto de dos o cuatro puertas con capacidad para más de cuatro personas

IN THE LAP OF LUXURY/ UN AUTO LUJOSO

Jaguar makes three other kinds of cars. In the United States, these cars are called **sedans**. The X-type is the smallest sedan. S-type cars are medium-sized. The XJ is Jaguar's largest car.

Jaguar fabrica otros tres tipos de autos. En Estados Unidos, éstos se llaman **sedanes**. El Tipo X es el sedán más pequeño. Los autos Tipo S son de tamaño mediano. El Tipo XJ es el auto más grande de Jaguar.

2006 XJ interior/Interior del XJ 2006

Jaguar sedans are very comfortable. The seats can be adjusted to suit anybody. Some steering wheels are even heated.

Los sedanes de Jaguar son muy cómodos. Los asientos pueden ajustarse para moldear el cuerpo. Inclusive algunos volantes pueden aclimatarse.

fast fact

Every Jaguar car has a hood ornament of a jaguar wildcat. These large, powerful cats live mainly in South America.

dato rápido

Cada auto de Jaguar tiene un ornamento del felino de este mismo nombre en el capó. Estos felinos grandes y poderosos viven principalmente en Sudamérica.

Famous Jaguar hood ornament/
Famoso ornamento del capó de Jaguar

2007 XJ INTERIOR DIAGRAM/ DIAGRAMA DEL INTERIOR DEL XJ 2007

heated steering wheel/volante climatizado

push-button starter/botón de arranque

touchscreen/
pantalla táctil

gearshift/caja
de cambios

CONCEPT CARS/ AUTO CONCEPTO

Jaguar has made many ***concept cars*** since 2000. These cars will be the exciting Jaguars of the future.

Jaguar ha hecho muchos ***autos concepto*** desde 2000. En un futuro, estos autos serán apasionantes.

concept car — **a vehicle built to show off an idea**

auto concepto — **vehículo fabricado para mostrar una idea**

Jaguar Advanced Lightweight Coupe concept car/
Auto concepto Jaguar Advanced Lightweight Coupe

fast fact

The Advanced Lightweight Coupe concept car can go 180 miles (290 km) per hour.

dato rápido

El auto concepto Advanced Lightweight Coupe puede ir a 180 millas (290 km) por hora.

GLOSSARY

aluminum — a strong, lightweight metal

concept car — a vehicle built to show off an idea

governor — a device on an engine that limits the car's speed

grille — an opening, usually covered by grillwork, allowing air to cool the engine of a car

luxury — something that is not needed but adds great ease and comfort

sedan — a car with either two or four doors that seats four or more people

sleek — smooth and shiny

unique — one of a kind

INTERNET SITES

FactHound offers a safe, fun way to find educator-approved Internet sites related to this book.

Here's what you do:

1. Visit *www.facthound.com*

2. Choose your grade level.

3. Begin your search.

This book's ID number is 9781429632690.

FactHound will fetch the best sites for you!

GLOSARIO

el aluminio — metal resistente y liviano

el auto concepto — vehículo fabricado para mostrar una idea

elegante — refinado y brillante

el lujo — algo que no se necesita pero que añade gran gusto y comodidad

el regulador — aparato de un motor que limita la velocidad del auto

la rejilla — abertura, generalmente cubierta con una parrilla vertical, que permite la entrada de aire para enfriar el motor de un auto

el sedán — auto de dos o cuatro puertas con capacidad para más de cuatro personas

único — solo en su clase

SITIOS DE INTERNET

FactHound te brinda una forma segura y divertida de encontrar sitios de Internet relacionados con este libro y aprobados por docentes.

Lo haces así:

1. Visita *www.facthound.com*

2. Selecciona tu grado escolar.

3. Comienza tu búsqueda.

El número de identificación de este libro es 9781429632690.

¡FactHound buscará los mejores sitios para ti!

INDEX

ÍNDICE